BEI GRIN MACHT SICH IHR WISSEN BEZAHLT

- Wir veröffentlichen Ihre Hausarbeit, Bachelor- und Masterarbeit

- Ihr eigenes eBook und Buch - weltweit in allen wichtigen Shops

- Verdienen Sie an jedem Verkauf

Jetzt bei www.GRIN.com hochladen und kostenlos publizieren

Brigitte Winklbauer

"'Informants' who come 'home'" von Sahra Pink

Eine kritische inhaltliche Analyse

GRIN Verlag

Bibliografische Information der Deutschen Nationalbibliothek:

Die Deutsche Bibliothek verzeichnet diese Publikation in der Deutschen National-
bibliografie; detaillierte bibliografische Daten sind im Internet über http://dnb.d-
nb.de/ abrufbar.

Impressum:

Copyright © 2012 GRIN Verlag GmbH
Druck und Bindung: Books on Demand GmbH, Norderstedt Germany
ISBN: 978-3-656-76208-9

Dieses Buch bei GRIN:

http://www.grin.com/de/e-book/281518/informants-who-come-home-von-sahra-
pink

GRIN - Your knowledge has value

Der GRIN Verlag publiziert seit 1998 wissenschaftliche Arbeiten von Studenten, Hochschullehrern und anderen Akademikern als eBook und gedrucktes Buch. Die Verlagswebsite www.grin.com ist die ideale Plattform zur Veröffentlichung von Hausarbeiten, Abschlussarbeiten, wissenschaftlichen Aufsätzen, Dissertationen und Fachbüchern.

Besuchen Sie uns im Internet:

http://www.grin.com/

http://www.facebook.com/grincom

http://www.twitter.com/grin_com

Seminararbeit:

Eine kritische inhaltliche Analyse des Textes
„`Informants´ who come `home´" (Sarah Pink)

20.12.2012

Inhaltsverzeichnis:

1. Einleitung

Im Folgenden möchte ich mich gerne an eine kritische inhaltliche Textanalyse des Textes „`Informants´ who come `home´" von Sarah Pink heranwagen. Sarah Pink studierte Sozialanthropologie in Kent und Visuelle Anthropology in Manchester, England . Sie ist Professorin für Sozialwissenschaften an der Loughborough Universität in Leicestershire, UK sowie externe Lektorin an der Fachuniversität Berlin für Medienanthropologie. Zu ihren Forschungsschwerpunkten zählen u.a. digitale Medien, Energie, Konsum, das Alltagsleben sowie Nachhaltigkeit. Sie ist eine Vorreiterin in visuellen/sensorischen ethnographischen Methodologien und beschäftigt sich mit Methoden unter Einbeziehung von digitalen Technologien. (vgl. Fachuniversität Berlin und RMIT University) Pink definiert die Ethnographie als Methodologie um Gesellschaft zu erfahren, zu interpretieren und darzustellen. (vgl. Pink 2007:23). Ihr geht es bei der Ethnographie nicht so sehr darum, Daten zu sammeln, sondern versteht Ethnographie als Prozess der individuellen Erfahrungen und Wahrnehmung des/der Ethnographln und wie diese repräsentiert werden.

> *„It does not claim to produce an objective or `truthful` account of reality, but should aim to offer versions of ethnographers' experiences of reality that are as loyal as possible to the context, negotiations and intersubjectivities through which the knowledge was produced. This may entail reflexive, collaborative or participatory methods. (..) If the researcher is the channel through which all ethnographic knowledge is produced and represented, then the only way reality and representation can interpenetrate in ethnographic work is through the ethnographer's textual constructions of ethnographic fictions. Rather than existing objectively and being accessible and recordable through `scientific' research methods, reality is subjective and is known only as it is experienced by individuals."* (Pink 2007: 25)

In ihrem Text „`Informants´ who come `home´" beschreibt sie ihre Gedanken und Erkenntnisse aus ihrer Feldforschung über spanische MigrantInnen in England. Gleich zu Beginn des Textes spricht sie von einer Feldforschung zuhause, wobei sie den Begriff *„at home"* (Pink 2000:96) zweideutig versteht: zum einen, da sie (vorwiegend) in ihrem Heimatland England forschte, zum anderen meinte sie damit das Forschen von Zuhause aus mit Hilfe von elektronischen Medien, wie Internet, Telefon, Emailverkehr, Newsgroups usw. Thematisch ging es ihr bei ihrer Forschung um Identität, das Selbst und um Dekonstruktion von persönlichen und professionellen Grenzen innerhalb ihrer Feldforschung „at home". Sie beschreibt kurz Hintergründe zu Migration aus Spanien nach England und wie sie zu diesem Thema gekommen ist. Im Kapitel „The research context?" geht sie ganz stark auf Definitionen und die Rolle des „Selbst" für die Forschung ein und dass *„the use of `self to study* *others'"* (Cohen, 1992:224) das fundamentale Prinzip für ihre Feldforschung ist. (vgl. Pink 2000:99)

In der folgenden Textanalyse möchte ich gerne näher auf Pink´s Metatheorie, der Darstellung über die Rolle neuer Medien als Feldforschungsinstrument eingehen. Dabei möchte ich gerne der Frage auf den Grund gehen, wie glaubwürdig bzw. überzeugend sie ihre These dazu im Text darstellt.

2. Analyse

In Pink´s Metatheorie geht es darum, alteingesessene Forschungsmethoden in der Anthropologie zu überdenken (vgl. Pink 2000:116) in Hinsicht darauf, dass Kommunikation über neue Medien, sei es über Telefon, Recherchen im Internet, über Emailkontakte o.ä., nicht mehr getrennt von der Methode der teilnehmenden Beobachtung vor Ort gedachten werden kann. So schreibt sie: *„(..) anthropological fieldwork, social life, friendship and electronic communications are neither incompatible nor necessarily separate spheres of life."* (Pink 2000:115) Sie begründet diese Theorie folgendermaßen: Das „online-gehen" gehört zum alltäglichen Tagesablauf vieler Menschen. Dabei wird oft eine Art Ritual durchgeführt, wie neue Emails checken, abonnierte Newsfeeds lesen, in sozialen Netzwerken nach Neuigkeiten Ausschau halten usw. (vgl. Pink 2000:112) Dies ist aber keine Tätigkeit, die unbemerkt alleine zuhause durchgeführt wird sondern, im Fall z.B. vom Beantworten der Emails oder ähnliches, findet Kommunikation statt, somit geteilte, soziale Realität (vgl. Pink: 2000:105). In Bezug auf ihre Feldforschung von zu Hause aus meint sie:

> *„My use of new communications technologies in the research was a form of `participant observation´ with middle-class professional `migrants´. Some informats agreed that these forms of communications will become increasingly important in the future (for research as well as domestic and `work´connections)."* (Pink 2000:108)

Als Kritikpunkt ihrer Metatheorie gibt sie z.B. mögliche Argumente nach Hastrup and Hervik an, nämlich dass ein Telefongespräch kein Ersatz für Feldforschung vor Ort sein kann, mit der Begründung, dass die meisten relevanten Informationen auf nonverbaler Ebene transportiert werden und dieser Vorgang nicht per Anruf passieren kann sondern nur erfahren werden kann. (vgl. Hanstrup/Hervik 1994:3) Pink entgegnet in dieser Argumentation allerdings mit

> *„technology is part of the performance of everyday life, integral to social relationships and identities, and part of the research context; part of my `field´, and increasingly part of more distant fields."* (Pink 2000: 108).

Im Großen und Ganzen finde ich ihre Argumentation für die Methode der „teilnehmenden Beobachtung von zuhause aus" nachvollziehbar und überaus interessant. Sie beleuchtet ihre Argumente von mehreren Seiten, sei es durch Meinungen anderer AutorInnen und durch Erkenntnisse aus ihrer Feldforschung mithilfe von Quellen aus den gesammelten Daten und aus ihrer eigenen Erfahrung. Sie schreibt der eigenen Erfahrung und der Rolle des Selbst im Forschungsprozess eine wesentliche Bedeutung zu und reflektiert dadurch stark den Forschungsprozess und ihre draus gewonnenen Erkenntnisse.

Formal kann zu Pink´s Text gesagt werden, das sie eine sehr verständliche Sprache benützt, sodass es mir als jemand mit nicht-englischer Muttersprache eher leicht gefallen ist, den Text zu lesen und zu verstehen. Ihr Wortschatz enthält wenige Fremdwörter, sodass der Text wahrscheinlich auch für jemanden der/die nicht studiert, verständlich wäre. Ihr Textaufbau hat für mich einen sehr übersichtlichen Stil, der mir schon in der Einleitung die wichtigsten Punkte ihres Textes verrät. Sie beschreibt sehr eindringlich aus Feldforschungssituationen und Gesprächen, erzählt deskriptiv oder belegt diese mit Gesprächszitaten (vgl. Pink 2000:112-113). Argumente untermauert sie meist mit Paraphrasen anderer AutorInnen bzw. Quellenverweisen, was für mich einen transparenten und gut belegten Eindruck hinterlässt.

3. Resümee

Wahrscheinlich gehen in Fachkreisen die Meinungen sehr stark auseinander, ob teilnehmende Beobachtung auch von zuhause aus stattfinden kann. In Pink´s Fall würde ich sagen, dass es sehr wohl möglich ist, zumindest argumentiert sie für mich sehr überzeugend. Ob diese Methode tatsächlich sinnvoll anzuwenden ist, hängt meiner Meinung nach stark vom Feldforschungsthema ab. Im Fall von den spanischen MigrantInnen, die selbst neue Medien stark benutzen, um in Kontakt mit ihren Familien in Spanien oder aber auch mit ihren spanischen oder englischen Freunden in England zu bleiben bzw. neue Kontakte auf diese Weise zu knüpfen und zu pflegen, würde ich mich ebenfalls für eine „teilnehmende Beobachtung" dieser Art entscheiden, da ohne diesem Aspekt der Kommunikation ein wesentlicher Teil in der Forschungsarbeit nicht beachtet werden würde. Ich denke, dass auch dies die Kern-argumentation von Sarah Pink ist, das neue Medien heutzutage, in Zeiten von Migration und Globalisierung, zur Kommunikation wesentlich beitragen und ein negieren dieser Kom-munikationsräume den Puls der Zeit nicht nur verfehlen, sondern ein Forschungsergebnis dadurch erheblich verfälschen würde.

4. Bibliographie

Cohen, A.P. 1992. Self-conscious Ethnography. In: J. Okely and H. Callaway (Hg.)
Anthropology and Autobiography. London: Routledge. S.221-241 Fachuniversität Berlin.
URL: http://www.master.fu-berlin.de/visual-
anthropology/staff/External_Lecturer1/pink/index.html (Zugriffsdatum: 20.12.2012).

Hastrup, K. / Hervik, P. 1994. Introduction to Social Experience and Anthropological
Knowledge. London: Routledge. S. 1-27 Pink, Sarah. 2000. `Informants´ who come `home´.
In: AMIT, Vered (Hg.): Constructing the Field: Ethnographic Fieldwork in the Contemporary
World. London: Routledge. S. 96-119.

Pink, Sarah. 2007. Doing visual ethnography: images, media and representation in research.
Los Angeles, Calif.: SAGE Publ. RMIT University. URL:
http://www.rmit.edu.au/browse/About%20RMIT%2FContact%2FAll%20contacts%2FStaff%
2F;ID=vcnfenbj05lv;STATUS=A (Zugriffsdatum: 18.12.2012).